OBREROS PARA LA MIES:
Tomo II
MOTIVACION Y DINAMICA

Como parte del programa de estudios del Instituto de Formación Cristiana Antioquia (inicialmente El Campamento Evangelístico Misionero Antioquia) se ha desarrollado una serie de estudios con el propósito de capacitar y preparar obreros para el ministerio práctico. Dicha serie consta de cinco tomos y se titula "OBREROS PARA LA MIES". Este libro es el segundo tomo de la serie. Cada tomo incluye 3 tópicos de gran importancia en el quehacer del ministerio. A continuación los títulos de los tomos que forman la serie:

Serie: "OBREROS PARA LA MIES"

Tomo I: Herramientas Fundamentales
Tomo II: Motivación y Dinámica
Tomo III: Fundamento y Fuente
          Incorruptible
Tomo IV: Ministrando Sanidad y Libertad
Tomo V: Dios, Su Voluntad y El
          Evangelismo Misionero

OBREROS PARA LA MIES:
Tomo II
MOTIVACION Y
DINAMICA

Vicente Quiñones Aponte

2017

OBREROS PARA LA MIES: Tomo II – Motivación y Dinámica

Copyright © 2017 por Ministerio Evangelístico La Voz del Señor, Inc.

Todos los derechos reservados. Este libro o porciones del mismo pueden ser reproducidos para fines no lucrativos con previa autorización del Autor o Publicaciones La Voz del Señor.

Citas bíblicas tomadas de la versión Reina Valera, (RV) revisión 1960, a menos que se indique lo contrario.
(c) Sociedades Bíblicas Unidas

Primera Edición Impresa: 2008

ISBN 978-0-9650199-5-8 Obra completa (5 tomos)
ISBN 978-0-9650199-7-2 Tomo II

Publicaciones La Voz del Señor
(Ministerio Evangelístico La Voz del Señor, Inc.)
P.O. Box 51951
Toa Baja, PR. U.S.A. 00950-1951

https://publicacioneslavozdelsenor.wordpress.com/

Producto 2017-002
Impreso en Puerto Rico

DEDICATORIA Y RECONOCIMIENTO

    Este libro es dedicado primeramente a mi Padre Celestial por su amor y misericordia hacia nosotros, confiando que su contenido sea para edificar muchos obreros que glorifiquen su nombre. Además, dedico este libro a quien fue mi pastor por casi 4 años, el Rev. Jesús del Cristo Martínez y por medio de quien el Señor me edificó para servirle y me confirmo y ordeno al "Ministerio Evangelístico La Voz del Señor". Agradecemos la ayuda de muchos hermanos que han orado por el escrito y otros que han revisado y editado el contenido del mismo. Gracias a nuestra hermana Irma Sheila Valentín por la revisión gramatical del escrito. Una vez más gracias a mi esposa Lydia E. Ayala.

CONTENIDO

	Página
Dedicatoria y Reconocimiento	v
Prólogo	*viii*

Primera Parte
El Llamado del Señor

1. Introducción	1
2. Llamado a Salvación	4
3. Llamado a Santificación	6
4. Llamado al Servicio	10
5. Llamado al Ministerio	14
6. Cómo Identificar Nuestro Llamado	16
7. Conclusión	22

Segunda Parte
El Amor por las Almas

8. Introducción	23
9. La Naturaleza del Amor por las Almas	26
9.1. El Amor del Padre	28
9.2. El Amor del Hijo	29
9.3. El Amor del Espíritu Santo	31
10. El Amor del Siervo	33
11. El Amor y el Evangelismo	35
12. Conclusión	37

Tercera Parte
La Oración y El Ayuno

13. Introducción	38
14. ¿Qué es la Oración?	40
15. ¿Cómo se Debe Orar?	43
15.1. Con el Entendimiento	44
15.2. Con el Espíritu	46
15.3. Con Gemidos Indecibles	47

15.4. Como No Debemos Orar	48
16. ¿Por Que Oramos?	53
16.1. La Oración Como Motor de la Iglesia	54
17. ¿Qué es el Ayuno?	56
18. Cómo Ayunar	59
19. Conclusión	61
Referencias	63

PROLOGO

El obrero cristiano para ser eficiente necesita, además de las herramientas fundamentales discutidas en el primer volumen, haber sido comisionado por el Señor y mantenerse conectado a la fuente del poder, a Dios. En este segundo volumen de la serie: "Obreros Para la Mies" se hace concientes a los participantes del Campamento Evangelístico Misionera Antioquia u otro instituto o escuela de capacitación de obreros de la importancia de tener en claro la misión para la cual Dios los llama y de que apartados de Dios nada podrán hacer. El llamado del Señor nos hará concientes de la magnitud de nuestra misión y de donde estamos parados con respecto a dicha misión. El amor por las almas es algo que los verdaderos Siervos de Dios sienten. Si nuestra motivación por predicar no es el amor por las almas debemos examinarnos pues es la marca de los verdaderos ministros. Sin el ayuno y la oración no será posible alcanzar el éxito en nuestra encomienda por salvar las almas. Por medio del ayuno y la oración nos mantenemos conectados a la fuente del poder, a Cristo Jesús. Si logramos estar claros con relación a nuestra misión y vivir una vida de devoción y compañerismos con Dios estaremos conectados a la fuente del poder para que la obra del Señor sea prosperada en nuestras manos.

PRIMERA PARTE:
EL LLAMADO DEL SEÑOR

1

INTRODUCCION

"Antes que te formase en el vientre te conocí, y antes que nacieses te santifiqué, te di por profeta a las naciones" (Jeremías 1:5)

El llamado del Señor esta vigente en todo momento y en todo lugar. El Señor nos llama a salvación, santificación, servicio y algunos somos llamados al ministerio. Cuando decimos ministerio nos referimos a los dones ministeriales que son: apóstol, profeta, evangelista, pastor y maestro. Más adelante entraremos en detalles con relación a los mismos. Dios está llamando al hombre desde el mismo momento de la desobediencia del hombre en el huerto del Edén. En Génesis 3:9, donde se relata la desobediencia de Adán y Eva, dice la escritura: *"Mas Jehová Dios llamó al hombre, y le dijo: ¿Dónde estás tú?"*. Vemos que la primera reacción de Dios fue la de buscar al hombre y llamarlo. Luego en Génesis 7:1 el Señor llama a Noé para que fuese salvo del diluvio: *"Dijo luego Jehová a Noé: Entra tú y toda tu casa en el arca; porque a ti he visto justo delante de mí en esta generación"*. Este llamado es tipo o tipifica la salvación que Dios nos ofrece a través de Jesucristo. Luego Dios llama a Abram a apartarse cuando en Génesis 12:1 le dice: *"....Vete de tu tierra y de tu parentela, y de la casa de tu padre, a la tierra que te mostraré."* Vemos aquí que el llamado a Abraham fue a apartarse (santificarse) para Dios y este llamado fue hecho con promesas. El llamado al servicio es tipificado por el llamado a Moisés. En los capítulos 3 y 4 del libro de Éxodo se relata este llamado. En Éxodo 3:4 el Señor llamó a Moisés (*"..., lo llamó Dios de en medio de la zarza, y dijo: ¡Moisés, Moisés! Y él respondió: Heme aquí."*). Más adelante, en Éxodo 3:10, Dios le revela a Moisés el propósito de su llamado: *"Ven, por tanto, ahora, y te enviaré a Faraón, para que saques de Egipto a mi pueblo, los hijos de Israel.".* Vemos, en este verso, que el propósito de este llamado es para rendir un servicio a Dios. En el verso 12 de Éxodo 3, el Señor especifica diciendo: *"...cuando hayas sacado de Egipto al pueblo, serviréis a Dios sobre este monte.".* El propósito de este estudio es el de hacernos conscientes de que el llamado de Dios está vigente en nuestras vidas y enseñarnos a utilizar las escrituras para identificar el llamado que Dios tiene para cada uno de nosotros. Gran parte del pueblo de Dios duerme (*"y esto, conociendo el tiempo, que es ya hora de levantarnos del sueño;.."*, Romanos 13:11) y se conforma con su visita al templo cada domingo. Muchos se han olvidado de las visiones y sueños que Dios le dio durante sus primeros años de conversión, cuando aún estaban en el primer amor. ¡Era el Señor, llamando! Otros sí los recuerdan, pero no saben cómo comenzar o están esperando que por arte de magia todo sea realizado y entonces decir, ésta es la obra que he realizado para Dios. Este estudio nos puede ayudar a identificar qué llamado está en efecto, al presente, para cada uno de nosotros y a discernir el propósito de Dios para cada uno de nosotros, en nuestro llamado individual. Además, este estudio nos orientará a como comenzar a caminar los pasos de la fe, en la voluntad de Dios, como hizo Abraham.

2

LLAMADO A SALVACIÓN

"Por lo cual, como dice el Espíritu Santo: Si oyereis hoy su voz, No endurezcáis vuestros corazones..." (Hebreos 3:7-8)

El llamado a la salvación es común para todos los hombres ("El Señor no retarda su promesa, según algunos la tienen por tardanza, sino que es paciente para con nosotros, no queriendo que ninguno perezca, sino que todos procedan al arrepentimiento", 2 Pedro 3:9). El llamado a la salvación es por medio del evangelio de Jesucristo ("...para salvación, mediante la santificación por el Espíritu y la fe en la verdad, a lo cual os llamó mediante nuestro evangelio...", 2 Tesalonicenses 2:13-14). Ahora bien, es necesario que oigamos su voz. Como dicen los versos del encabezamiento: "Si oyereis hoy su voz, no endurezcáis vuestros corazones..." (Hebreos 3:7-8). Primeramente, todos pueden escuchar el evangelio pero no todos oyen su voz. El que oye su voz, es el que deja que la palabra del evangelio llegue a su corazón. Si el Espíritu Santo lo convence de que es pecador y que necesita a Cristo (Juan 16:8), esta persona seguramente aceptará a Jesús como salvador. En otras palabras, esta persona entra al arca de los últimos tiempos, la cual es Jesucristo, y no perecerá como consecuencia de la ira y los juicios que Dios ha asegurado llegarán sobre los que rechazan la gracia ofrecida por medio del sacrificio de Cristo Jesús (Hebreos 12:25). Estudiando la Palabra de Dios podemos notar que el llamado a la salvación no es un llamado a religión, sino un llamado a entrar en una relación de vida con Dios por medio de Cristo Jesús (1 Timoteo 2:5). Si consideramos con más detenimiento el caso de Noé (Génesis 7, 8 y 9), podremos notar que Dios confirió la salvación por causa de la justicia ("...Dijo luego Jehová a Noé: Entra tú y toda tu casa en el arca; porque a ti he visto justo delante de mí en esta generación.", Génesis 7:1). Vemos, que la razón por la cual Dios permite que Noé y su casa entraran en el arca, fue porque Dios consideró a Noé justo dentro de una generación perversa. El diluvio fue una manifestación de la ira de Dios (Génesis 6:13). Ahora, en los postreros tiempos, somos salvos de la ira, gracias a la justicia que nos es dada por medio de la fe en nuestro Señor Jesucristo ("Justificados, pues, por la fe, tenemos paz para con Dios por medio de nuestro Señor Jesucristo.", Romanos 5:1). Noé es tipo de Cristo y los creyentes somos tipo de su casa o familia (1 Pedro 2:9). Vemos también que cuando le servimos a Dios, el Señor se las arregla para que nuestra casa o familia sea salva, como en el caso de Noé. Si consideramos el caso del carcelero que custodiaba al Apóstol Pablo y a Silas (Hechos 16:26-34), notaremos que él le sirvió a Dios cuando le lavó las heridas a Pablo y a Silas. Luego de esto, todos se bautizaron.

3

LLAMADO A SANTIFICACIÓN

"..Pues no nos ha llamado Dios a inmundicia, sino a santificación..." (1 Tesalonicenses 4:7)

Después que hemos aceptado el llamado a la salvación y hemos invitado a Jesucristo a nuestros corazones, el Señor nos hace un llamado a la santificación o separación (apartarse para Él). La razón por la cual Dios nos llama a la santificación, es para que podamos tener comunión con Él, pues Él es santo. Dice la escritura en Levíticos 11:44: "*...vosotros por tanto os santificaréis, y seréis santos, porque yo soy santo;...*". Dios nos llama a una vida apartada del mal en todas las áreas ("*...sino, como aquel que os llamo es santo, sed también vosotros santos en toda vuestra manera de vivir...*", 1 Pedro 1:15-16). Nótese que dice: "en toda vuestra manera de vivir,". No dice: "en casi toda vuestra manera de vivir...". Ni dice: "...en parte de vuestra manera de vivir...". Dice: "...en toda vuestra manera de vivir...". Esto no incluye solamente nuestro comportamiento cuando estamos en la iglesia, sino que incluye nuestro comportamiento, en la iglesia, en el trabajo, en la casa, en la calle, en todas partes y en todo lo que hacemos. Este llamado es por lo general mal entendido o interpretado. El ser santo no implica ser infalible. El ser santo implica andar en el temor a

Dios evitando el mal (apartarnos de la maldad) y resistiendo la tentación. Mientras estemos en este cuerpo mortal no podremos descansar en la lucha contra las tentaciones, para evitar caer en las trampas que el diablo nos tiende para tratar de hacernos pecar (Romanos 7:18-25). Una persona que diga que no ha faltado al Señor luego de haberse convertido, puede estar pensando que esto lo hace santo sobre los demás y puede comenzar a hacer juicios sobre los hermanos. Si en verdad no tiene ninguna falta, cosa que no creemos sea posible, ésta sería su primera falta, pues dice la palabra: *"no nos juzguemos más los unos a los otros, sino más bien decidid no poner tropiezo u ocasión de caer al hermano..."* (Romanos 14:13). La santificación es obra del Espíritu Santo (Romanos 15:16 y 1 Corintios 6:11), quien usa la Palabra de Dios para mostrarnos lo que no debemos hacer y transformar nuestra manera de pensar (Romanos 12:2). La santificación no es algo que un hombre pueda imponer a otro, como sugieren los religiosos. Ni que se pueda alcanzar por medio de rituales y ceremonias religiosas. Es la obra de Dios en los creyentes (*"y el mismo Dios de paz os santifique por completo..."*, 1 Tesalonicenses 5:23). Si consideramos el llamado de Abraham, podemos notar, como mencionamos anteriormente, que es un llamado a apartarse o santificarse para Dios. Génesis 12:1-3 dice: *"Pero Jehová había dicho a Abram: Vete de tu tierra y de tu parentela, y de la casa de tu padre, a la tierra que te mostraré y haré de ti una nación grande, y te bendeciré, y engrandeceré tu nombre, y serás bendición. Bendeciré a los que te bendijeren y a los que te maldijeren maldeciré; y serán benditas en ti todas las familias de la tierra".* En el verso 1, el Señor le indica a Abram que abandone tres cosas: La primera fue su tierra, la segunda sus familiares o tribu, y la tercera la casa de su padre. A Dios no le agradaba la forma de vivir de los habitantes de Ur de los Caldeos y por esto exhorta a Abram a salir de en medio de ellos. El abandonar la tierra puede representar para nosotros el abandonar las áreas donde nos desenvolvíamos en nuestra vieja naturaleza (*"estabais muertos en vuestros delitos y pecados, en los cuales anduvisteis en otro tiempo, siguiendo la corriente de este mundo, conforme al príncipe de la potestad del aire..."*, Efesios 2:1-2). El abandonar la parentela puede representar la necesidad de alejarnos de amistades que están en el mundo y podrían estorbar nuestra comunión con Dios (*"¡Oh almas adúlteras! ¿No sabéis que la amistad del mundo es enemistad contra Dios? Cualquiera, pues, que quiera ser amigo del mundo, se constituye enemigo de Dios."*, Santiago 4:4). El abandonar la casa del padre puede representar para nosotros la necesidad de poner a Dios sobre todas las cosas (*"No tendrás dioses ajenos delante de mí."*; Éxodo 20:3). En el caso de Abram, su padre Taré, era idólatra (Josué 24:2). Muchas veces los padres imponen a sus hijos sus creencias religiosas y otras costumbres que no le agradan a Dios. La meta de la santificación es poder tener comunión con Dios para ser llenos de su gracia y hacer su voluntad y obra (Efesios 3:18-19).

4

LLAMADO AL SERVICIO

"Si alguno me sirve, sígame; y donde yo estuviere, allí también estará mi servidor..." (Juan 12:26)

Dios primero nos llama a salvación, luego a santificación y luego a servirle. ¡Sí! Dios nos llama a servirle como dice en Hebreos 9:14: *"¿cuanto más la sangre de Cristo, el cual mediante el Espíritu eterno se ofreció a sí mismo sin mancha a Dios, limpiará vuestras conciencias de obras muertas para que sirváis al Dios vivo?"* Dios limpia (santifica) nuestra conciencia (discernimiento del bien y el mal) para que la misma, que está en nuestro espíritu, le sirva. Cuando recibimos al Señor Jesucristo como salvador renacemos en el área del espíritu (nuestro espíritu es regenerado, Tito 3:5), y nuestra conciencia es apartada del mal. En el proceso de la santificación del alma nosotros somos colaboradores. Nuestra función es dejar que Dios haga su obra renovadora en nuestra alma. Debemos dedicarnos totalmente a Dios. Todos los hombres de Dios, descritos en la Biblia, servían a Dios con dedicación y esfuerzo. Jesucristo es el mejor ejemplo de lo que es un servidor. El profeta Isaías profetizó acerca de Jesús diciendo: *"He aquí mi siervo, yo le sostendré; mi escogido, en quien mi alma tiene* *contentamiento; he puesto sobre él mi Espíritu; él traerá justicia a las naciones*" (Isaías 42:1). Jesús mismo dijo de sí: "*porque el Hijo del Hombre no vino para ser servido, sino para servir, y para dar su vida en rescate por muchos*" (Marcos 10:45). Para nosotros el servir no es algo fácil. El siervo siempre hace lo que su amo le ordena. Nosotros por naturaleza somos voluntariosos. Cuando comenzamos a servirle al Señor muchas veces nos proponemos y empeñamos en hacer las cosas a nuestra forma o de la forma que está de moda o de la manera que lo hace el famoso evangelista. Dios necesita obreros que quieran hacer su voluntad sobre todas las cosas, así como hizo Jesús ("*Mi comida es que haga la voluntad del que me envió, y que acabe su obra*", Juan 4:34). Para servir a Dios, nuestro carácter debe ser transformado. Nuestro servicio a Dios debe ser en humildad ("*sirviendo al Señor con toda humildad, y con muchas lágrimas, y pruebas*", Hechos 20:19). La humildad es el mejor antídoto contra la vanagloria, que es una de las trampas más efectivas y sutiles que usa Satanás, para atrapar a los ministros de Dios. Cuando un hombre de Dios es usado poderosamente por el Señor, éste debe cuidarse especialmente de la vanagloria (debe darle la gloria a Dios). El corazón del siervo puede ser fácilmente contaminado, por el hecho de que muchos pongan su mirada en él y no en su Señor. Estemos siempre conscientes de que Dios es el que hace todas las obras (¡Gloria a su nombre!). El servicio a Dios debe de hacerse con ánimo y entusiasmo ("*En lo que requiere diligencia, no perezosos; fervientes en espíritu, sirviendo al Señor*", Romanos 12:11) y de buena voluntad ("*sirviendo de buena voluntad, como al Señor y no a los hombres,...*", Efesios 6:7). La gratitud debe motivarnos a servirle a Dios ("*Así que, recibiendo nosotros un reino inconmovible, tengamos gratitud, y mediante ella sirvamos a Dios*", Hebreos 12:28). Finalmente el amor debe ser la principal motivación para servir ("*sino servios por amor los unos a los otros...*", Gálatas 5:13). El amor a Cristo, el amor a Dios, el amor a los hermanos y el amor a la humanidad, nos impulsarán a hacer la voluntad de Dios en su servicio; sirviéndonos los unos a los otros. Hermanos, no busquemos al Señor por los panes y los peces, sino que por gratitud y amor sirvamos de buena voluntad.

El poder de Dios acompañará a los que a Él le sirven. Si consideramos el caso de Moisés, el cual tipifica el llamado al servicio, notaremos que el Señor se manifiesta a él desde en medio de una llama de fuego (Éxodo 3:2). La llama de fuego es tipo del fuego del Espíritu Santo o del poder purificador del Espíritu Santo. En el día de Pentecostés dice la palabra: "*y se les aparecieron lenguas repartidas, como de fuego, asentándose sobre cada uno de ellos. Y fueron todos llenos del Espíritu Santo...*" (Hechos 2:3-4). Aquí notamos otra vez, que el poder de Dios que recibieron los apóstoles y discípulos de Jesús, se manifestó inicialmente en forma de lenguas como de fuego. Luego de esto fueron llenos del Espíritu Santo con poder. Esto les fue dado para ejecutar la obra que Jesús les había encargado ("*pero recibiréis poder, cuando haya venido sobre vosotros el Espíritu Santo, y me seréis testigos en Jerusalén, en toda Judea, en Samaria, y hasta lo último de la tierra.*", Hechos 1:8). Podemos concluir que el poder de Dios es para servir y no para exhibirlo como un espectáculo o para impresionar o manipular a los demás.

5

LLAMADO AL MINISTERIO

"Y él mismo constituyó a unos, apóstoles; a otros, profetas; a otros, evangelistas; a otros, pastores y maestros, a fin de perfeccionar a los santos para la obra del ministerio, para la edificación del cuerpo de Cristo..." (Efesios 4:11-12)

El propósito principal del llamado ministerial, es el de edificar el cuerpo de Cristo o cuerpo de creyentes. Preparar a los creyentes para servir a Dios con eficiencia. Para ejecutar este trabajo de edificar y preparar a los creyentes para el servicio a Dios, el Señor Jesucristo estableció cinco (5) categorías en el ministerio (*"y él mismo constituyó a unos, apóstoles; a otros, profetas; a otros, evangelistas; a otros pastores y maestros, a fin de perfeccionar a los santos para la obra del ministerio..."*, Efesios 4:11-12). Cuando se menciona aquí perfeccionar no se implica que debe ser infalible, sino que debe ser espiritual y emocionalmente maduro. Cada uno de estos ministros tiene una función específica en la edificación de los creyentes. El apóstol por lo general tiene una visión más universal de la iglesia. Se preocupa por la iglesia a nivel mundial, regional o de concilio (Hechos 20:28). La palabra apóstol proviene del griego *"apostole"* que significa <<enviar de parte de>>. El Señor da una encomienda al apóstol para que establezca una obra comenzando desde cero. El apóstol debe hacer función de evangelista, profeta, maestro y pastor, pues, al comienzo de la obra por lo general él es el único creyente en ese lugar. Con el tiempo el Señor levantará los otros ministerios de los nuevos creyentes que sean discipulados. El profeta por lo general mira las cosas desde el punto de vista de Dios. La palabra profeta significa <<el que habla en lugar de otro>>. Los profetas hablan de parte de Dios (2 Pedro 1:19-21). Esto es los profetas verdaderos, porque la Biblia nos habla de falsos profetas (2 Pedro 2:1). El evangelista o predicador, es el que se encarga de acuciar el mensaje de salvación y traer nuevos creyentes a la iglesia (Hechos 8:4-12). El maestro es dotado por el Señor para enseñar su palabra, para darle a los creyentes el conocimiento espiritual de las escrituras (Hebreos 5:12). El pastor tiene la función de velar por el crecimiento espiritual de las ovejas (los creyentes). El pastor usa la palabra de Dios para alimentar a los creyentes espiritualmente. El pastor también debe velar por el rebaño, como le dijo el Señor a Pedro: *"Apacienta mis ovejas"* (Juan 21:17). Para que un ministerio tenga un desarrollo saludable y balanceado, éste debe contar con los cinco dones ministeriales o participar con ministerios que tengan los dones que a dicho ministerio le faltan. La función de estos cinco ministerios en el cuerpo de Cristo es de suma importancia para la expansión de la iglesia.

6

CÓMO IDENTIFICAR NUESTRO LLAMADO

"...porque Dios es el que en vosotros produce así el querer como el hacer..." (Filipenses 2:13)

El llamado de Dios esta instalado en nosotros desde que estamos en el vientre de nuestra madre (*"Oídme, costas, y escuchad, pueblos lejanos. Jehová me llamó desde el vientre, desde las entrañas de mi madre tuvo mi nombre en memoria."*, Isaías 49:1 y *"Antes que te formase en el vientre te conocí, y antes que nacieses te santifiqué, te di por profeta a las naciones."*, Jeremías 1:5). Si, el propósito para el cual Dios llama, está en nuestro espíritu desde el principio de nuestra existencia (*"(pues no habían aún nacido, ni habían hecho aún ni bien ni mal, para que el propósito de Dios conforme a la elección permaneciese, no por las obras sino por el que llama), se le dijo: el mayor servirá al menor. Como esta escrito: A Jacob amé, mas a Esaú aborrecí."*, Romanos 9:11-13); podríamos decir que el hecho de que Dios nos trajera al mundo esta ligado y subordinado a un propósito. Dice la palabra en Isaías 49:5: *"Ahora pues, dice Jehová, el que me formo desde el vientre para ser su siervo, para hacer volver a él a Jacob y para congregarle a Israel..."*. Aquí podemos notar, que Isaías profetizando acerca de Jesucristo, dice que fue formado en el vientre para ser siervo de Jehová, y continua describiendo la función o encomienda que el Señor tenía preparada para Jesucristo. Aunque el llamado que Dios nos hace está en nuestro espíritu desde el comienzo de nuestra existencia, por lo general, antes de conocer a Jesucristo no tenemos conocimiento de este llamado pues nuestro entendimiento (mente) está en nuestra alma y espiritualmente estamos muertos ("*Y él os dio vida a vosotros, cuando estabais muertos en vuestros delitos y pecados*", Efesios 2:1) y separados de Dios y sus propósitos ("*Pero el hombre natural no percibe las cosas que son del Espíritu de Dios, porque para él son locura, y no las puede entender, porque se han de discernir espiritualmente*", 1 Corintios 2:14). Si entendemos que el hombre es un ser tripartita (compuesto de tres partes) compuesto de espíritu, alma y cuerpo ("*y todo vuestro ser, espíritu, alma y cuerpo, sea guardado irreprensible*", 1 Tesalonicenses 5:23) y que antes de conocer a Cristo Jesús estábamos muertos espiritualmente (Efesios 2:1); podremos comprender porque el hombre sin Cristo, y aún un niño en Cristo (creyente que no ha crecido espiritualmente), no conocen el propósito de Dios para su vida. Cuando crecemos espiritualmente bajo las sanas enseñazas de Jesús (Mateo 5, 6 y 7) y la doctrina de los apóstoles, nuestro entendimiento es renovado y podemos conocer o comprobar la buena voluntad de Dios (Romanos 12:2). O sea que no tan solo debemos ser nacidos del espíritu (restablecer la comunión con Dios), sino que también nuestro entendimiento debe ser modificado conforme a la palabra de Dios, para que podamos entender sus propósitos. Consideremos un ejemplo de las escrituras; veamos el caso de Jacob.

Dice la Escritura en Génesis 25:23: "*Y el mayor servirá al menor*". Relata la Escritura que cuando Rebeca estaba embarazada, aún en el vientre luchaban sus hijos Jacob y Esaú. Y ella oró a Jehová Dios y Dios le reveló que el mayor serviría al menor. Aquí podemos notar que ya Dios había escogido a Jacob para que continuara la obra que Dios había comenzado con sus padres Abraham e Isaac. Esta obra consistía en apartar un pueblo para Dios, el cual llegaría a ser una nación grande. En Jacob estaba instalado este propósito de Dios y es por eso que enseguida el se interesó por la primogenitura (Génesis 25:31-33) y luego se apoderó de la bendición usando el engaño (Génesis 27:19-29). Aunque en Jacob estaba instalado este propósito, él utilizó métodos que no son dignos ante los ojos de Dios. Lo que impulsaba a Jacob a conseguir lo que Dios había puesto en su corazón, eran motivos egoístas, pues codició lo que le pertenecía a su hermano cuando le compró la primogenitura por un guiso de lentejas (Génesis 25:31-33). Para apoderarse de la bendición, Jacob utilizó engaño y robo (Génesis 27:19-29, 35). Pero recordemos, que hasta este momento, Jacob no había tenido un encuentro con Dios. Luego, Jacob se ve obligado a huir por causa de lo que él había hecho a su hermano Esaú (Génesis 27:43). Jacob seguramente estaba angustiado (Génesis 35:3) por el juramento que había hecho su hermano Esaú, de que lo mataría y por alejarse de su familia hacia un camino incierto. Al llegar la noche mientras se encaminaba hacia Harán, Jacob tomo piedras y recostó su cabeza para dormir (Génesis 28:11). En este lugar Jacob experimento su primer encuentro con Dios en un sueño (Génesis 28:12-15). En este primer encuentro el Señor comenzó a revelar a Jacob el propósito para el cual Dios lo había elegido. Dice Génesis 28:13-14: "...*Yo soy Jehová, el Dios de Abraham tu padre, y el Dios de Isaac; la tierra en que estás acostado te la daré a ti y a tu descendencia. Será tu descendencia como el polvo de la tierra, y te extenderás al occidente, al oriente, al norte y al sur: y todas las familias de la tierra serán benditas en ti y en tu simiente*". Luego de este primer encuentro en el que Dios le comienza a revelar a Jacob el propósito para el cual Dios lo llamaba, Jacob comienza a cosechar lo mismo que había sembrado. Su tío, Labán lo engaña cuando lo hace trabajar siete (7) años por Raquel y luego le da a Lea (Génesis 29:18-27). Pero todavía Jacob no había aprendido la lección y pagó a Labán con engaño ("*Y Jacob engaño a Labán arameo, no haciéndole saber que se iba*", Génesis 31:20). Luego que resolviera los problemas con su suegro Labán, Jacob se encontró con ángeles que Dios había enviado seguramente para aconsejarle sobre como debía proceder con su hermano Esaú, pues Jacob iba de regreso a casa de su padre Isaac. Dios libró a

Jacob de su hermano Esaú y él logró reunirse otra vez con su padre y su madre. Pero todavía Dios esperaba por Jacob para que se dispusiera a hacer la obra para la cual lo llamaba. Jacob había aprendido a humillarse cuando se enfrentó a su hermano Esaú. Pero todavía Dios esperaba algo de él. Dios esperaba una entrega total. El Señor requería de Jacob, no tan solo que él ordenara su casa. En Génesis 35:1-3, el Señor le dice a Jacob: *"...Levántate y sube a Bet-el, y quédate allí; y haz allí un altar al Dios que te apareció cuando huías de tu hermano Esaú. Entonces Jacob dijo a su familia y a todos los que con él estaban: Quitad los dioses ajenos que hay entre vosotros, y limpiaos, y mudad vuestros vestidos. Y levantémonos, y subamos a Bet-el; y haré allí altar al Dios que me respondió en el día de mi angustia...".* La palabra Bet-el significa casa de Dios. Ellos iban a entrar a la casa de Dios para habitar con él, por lo cual Jacob les indica que debían quitar de entre ellos los dioses ajenos (los ídolos) y debían limpiarse y revestirse. Cuando Jacob y su familia llegaron a Bet-el, Jacob edifico un altar a Dios y en los versos 9 al 12 de Génesis 35, Dios cambia el nombre a Jacob y lo llama Israel que significa "luchador con Dios" (Jacob significa "suplantador"). Dios lo bendice y lo lanza al llamado que le había dado (*"Yo soy el Dios omnipotente: crece y multiplícate; una nación y un conjunto de naciones procederán de ti, y reyes saldrán de tus lomos. La tierra que he dado a Abraham y a Isaac, la daré a ti, y a tu descendencia después de ti daré la tierra."*,

Génesis 35:11-12).

De este relato podemos notar que Dios implanta su propósito en Jacob desde que él está en el vientre de Rebeca. Es por esta razón que luchaba con su hermano, en el vientre de su madre, para ser el primero en salir (primogénito) y por esto salió del vientre de su madre con su mano trabada al calcañar de su hermano Esaú (Génesis 25:19-26). A medida que Jacob conoce mejor a Dios, el propósito de Dios para él se hace mas claro y Jacob cede ante Dios y obedece hasta recibir la bendición. Ahora, podemos notar en Génesis 35:2-4 que aunque Jacob había ordenado a su familia que quitasen los dioses ajenos y se limpiasen, el no destruyó los ídolos y los zarcillos, sino que los escondió debajo de una encina (árbol) que estaba junto a Siquem. Esto indica que en el corazón de Jacob todavía había ciertas reservas pues lo correcto ante Dios era haber destruido los ídolos. Es interesante notar que en este mismo lugar de Siquem fue donde Jeroboam (el que indujo a Israel a la idolatría) fue establecido por rey sobre Israel, dividiendo el reino y que dando él sobre 10 tribus y media (1 Reyes 12). Cuando servimos a Dios debemos asegurarnos y pedirle al Señor que nos muestre si hemos escondido algún ídolo o los zarcillos. Si es así debemos sacar los ídolos y destruirlos. Si queremos que Dios complete la obra o la lleve a su máxima manifestación en nuestras vidas (haga las visiones una realidad), no podemos esconder ídolos y zarcillos como hizo Jacob sino que debemos destruirlos.

7

CONCLUSIÓN

"Mas Jehová Dios llamó al hombre, y le dijo: ¿Dónde estás tú?" (Génesis 3:9)

¡**H**emano(a)! ¿Dónde estas tú? El Señor nos llama en todo momento, todo lugar y con diferentes propósitos. Nos llama a salvación, santificación, servicio y a algunos al ministerio. El Señor nos capacita para que podamos aceptar y ejecutar la función para la cual Él nos llama. El llamado a la salvación es el primero y mas importante. El Señor nos llama a la santificación y por medio de la misma somos capacitados para servir a Dios mediante el servicio al prójimo. Todo creyente esta llamado al servicio. El llamado a los oficios ministeriales es también muy importante, pues dichos oficios (apóstol, profeta, evangelista, pastor y maestro) son usados por el Señor para edificar su Iglesia. El llamado de Dios esta instalado en nosotros desde que estamos en el vientre de nuestra madre y solo lograremos ser felices en esta vida si caminamos hacia donde Dios nos dirige. La idolatría impide que podamos escuchar y seguir el llamado de Dios.

SEGUNDA PARTE:
EL AMOR POR LAS ALMAS

8

INTRODUCCION

"Porque de tal manera amó Dios al mundo, que ha dado a su Hijo unigénito, para que todo aquel que en él crea, no se pierda, mas tenga vida eterna" (Juan 3:16)

El amor por las almas es indispensable en la obra del evangelista y el misionero. Sin ese amor estos obreros del Señor no pueden darse a la labor de rescatar las almas de la perdición. Sin ese amor estos obreros no tendrían la motivación para dedicar esfuerzo y tiempo a la obra evangelizadora. El amor por las almas es una de las principales cualidades que debe caracterizar al evangelista y al misionero. Si ese amor que demostró Jesucristo no está presente en nosotros como obreros, nos debemos preguntar: ¿Cuál es el motivo por el cual predico el evangelio? Debemos examinar nuestros corazones para que estemos seguros de que la obra la hacemos por amor a Dios y no por amor a la fama, vanagloria o por envidia o contienda (Filipenses 1:15). Debemos también comprender que nuestro amor por si sólo, no es suficiente para que podamos hacer la obra evangelística apropiadamente ("*Nadie tiene mayor amor que este, que uno ponga su vida por sus amigos*", Juan 15:13). Sólo Jesucristo puso su vida por nosotros y sólo Dios el Padre entregó a su único hijo por amor a nosotros pecadores ("*Porque de tal manera amó Dios al mundo, que ha dado a su Hijo unigénito, para que todo aquel que en él crea, no se pierda, mas tenga vida eterna*", Juan 3:16). Es por esto que debemos comprender que solo ese amor de Dios nos impulsará a hacer su obra evangelizadora con efectividad. Si el amor de Dios por las almas no esta implantado en nuestros corazones, entonces trabajaríamos por otros motivos que muy bien pudieran inclusive llevarnos a la perdición. La Biblia dice en Mateo 25:31: "*Cuando el Hijo del Hombre venga en su gloria, y todos los santos ángeles con él, entonces se sentará en su trono de gloria, y serán reunidas delante de él todas las naciones; y apartará los unos de los otros, como aparta el pastor las ovejas de los cabritos. Y pondrá las ovejas a su derecha, y los cabritos a su izquierda...*". Las ovejas son los que se someten a Dios para hacer su voluntad ("*Y cuando ha sacado fuera todas las propias, va delante de ellas; y las ovejas le siguen, porque conocen su voz*", Juan 10:4). Los cabritos, por otro lado, son los que distorsionan el camino hacia la voluntad de Dios para terminar haciendo su propia voluntad. El propósito de este estudio es que podamos evaluarnos, a la luz de las escrituras, para determinar si estamos haciendo la obra evangelizadora movidos por ese amor de Dios por las almas o por fama, vanagloria, envidia o contienda (Filipenses 1:15-16). Pedimos a Dios que a medida que progresamos en este estudio, que el Espíritu Santo nos muestre nuestra condición individual. Que el Espíritu Santo prepare nuestras almas para estar dispuestos a oír, escuchar y obedecer para que el Dios todo poderoso ejecute la obra de corrección en nuestros corazones.

9

LA NATURALEZA DEL AMOR POR LAS ALMAS

"Pero cuando se manifestó la bondad de Dios nuestro Salvador, y su amor para con los hombres, nos salvó, no por obras de justicia que nosotros hubiéramos hecho, sino por su misericordia..." (Tito 3:4-5)

Podemos decir que la naturaleza del amor por las almas tiene sus raíces en los atributos del carácter de Dios (*"Amados, amémonos unos a otros; porque el amor es de Dios. Todo aquel que ama, es nacido de Dios, y conoce a Dios. El que no ama, no ha conocido a Dios; porque Dios es amor."*, 1 Juan 4:7-8). La naturaleza del amor por las almas se derriba de la bondad y amor de Dios y se manifiesta por medio de su misericordia (Tito 3:4-5). En la obra del ministerio, la manifestación del amor por las almas solo puede ser producida por el amor de Dios que fluye por medio de sus siervos. En nuestro amor natural, no somos capaces de manifestar el tipo de amor que Dios ha manifestado para salvación de los hombres y del mundo (*"Porque Cristo, cuando aún éramos débiles, a su tiempo murió por los impíos. Ciertamente, apenas morirá alguno por un justo; con todo, pudiera ser que alguno osara morir por el bueno. Mas Dios muestra su amor para con nosotros, en que siendo aún pecadores, Cristo murió por nosotros*", Romanos 5:6-8). El amor por las almas tiene su base en el amor incondicional manifestado por Dios ("*En esto consiste el amor: no en que nosotros hayamos amado a Dios, sino en que Él os amó a nosotros y envió a su Hijo en propiciación por nuestros pecados*", 1 Juan 4:10). Vemos aquí el amor puro e incondicional que Dios tiene para con nosotros. Dice Jeremías 31:3: "*Con amor eterno te he amado; por tanto, te prolongué mi misericordia*". El amor de Dios por las almas es eterno o sea Dios no cambia de parecer. La palabra de Dios dice que Él no quiere que los hombres se pierdan ("*El Señor no retarda su promesa, según algunos la tienen por tardanza, sino que es paciente para con nosotros, no queriendo que ninguno perezca, sino que todos procedan al arrepentimiento*", 2 Pedro 3:9). Sólo Dios puede manifestar un amor tan grande que perdona a todo aquel que se arrepienta, no importando toda la maldad hecha por nosotros. Puesto que el amor por las almas es divino, solo podemos obtenerlo de Dios. Un saludo popular entre algunos de los escritores del Nuevo Testamento era: "*Gracia y paz a vosotros...*" (Filipenses 1:2) ó "*Gracia y paz os sean multiplicadas...*" (1 Pedro 1:2). Una variante es utilizada en la epístola de Judas ("*Misericordia y paz y amor os sean multiplicados*", Judas 2). Estas tres virtudes o dones de Dios son más efectivas cuando trabajan juntas. Por ejemplo, puedo tener amor pero si no tengo misericordia ¿será dicho amor verdadero? También, sin la paz es difícil, sino imposible, manifestar el amor.

Ahora, por otro lado, sin el amor no puede haber misericordia, ni puede haber paz. El Espíritu Santo dice a través del escritor de la epístola de Judas, que es el deseo de Dios que la misericordia y la paz y el amor, sean no simplemente añadidos, sino que sean multiplicados en cada uno de los creyentes (Judas 2). Estos son parte del fruto del Espíritu (Gálatas 5:22).

9.1. El Amor del Padre

"Mirad cual amor nos ha dado el Padre, para que, seamos llamados hijos de Dios;.." (1 Juan 3:1)

El Padre celestial nos ha amado por gracia o gratis no siendo nosotros merecedores de su amor. Oseas 14:4 dice: *"Yo sanaré su rebelión, los amaré de pura gracia..."*. La herramienta usada por Dios para sanar la rebelión es el amor. Ahora para contrarrestar toda la maldad que ha hecho y hace el hombre se requiere de un amor muy grande. La misericordia de Dios el Padre es producto de su gran amor con que nos ama (*"Pero Dios, que es rico en misericordia, por su gran amor con que nos amó, aun estando nosotros muertos en pecados, nos dio vida juntamente con Cristo..."*, Efesios 2:4-5). Este amor del Padre ha sido revelado al mundo a través de Jesucristo (*"...para que el mundo conozca que tú me enviaste, y que los has amado a ellos como también a mí me has amado...*", Juan 17:23). De este verso se puede recibir revelación de la magnitud del amor de Dios. Juan cita palabras de Jesús el Cristo diciendo: "*los has amado a ellos como también a mí me has amado*" (Juan 17:23). Vemos pues que Dios nos ha amado con el mismo amor con que ama a su Hijo, Jesucristo. Y el Padre no solo lo dice, sino que dio testimonio de esto al llevar a su Hijo a la cruz; para que pudiéramos tener vida (Juan 3:16). Si continuamos observando a través de la Escritura vemos en 1 Juan 3:1 que dice: "*Mirad cuál amor nos ha dado el Padre, para que seamos llamados hijos de Dios*". El amor del Padre celestial por nosotros a sido tal que nos ha amado como ama a su Hijo y aun más, nos ha hecho sus hijos por medio de Jesucristo ("*Mas a todos los que le recibieron, a los que creen en su nombre, les dio potestad de ser hechos hijos de Dios*", Juan 1:12). ¡Sí! Dios nos ha adoptado como hijos por medio de Jesucristo ("*...en amor habiéndonos predestinado para ser adoptados hijos suyos por medio de Jesucristo, según el puro afecto de su voluntad...*", Efesios 1:5). "*Y nos ha bendecido con toda bendición espiritual*" (Efesios 1:3).

9.2. El Amor del Hijo

"¿Quién nos separará del amor de Cristo?"
(Romanos 8:35)

El amor de Cristo Jesús es tal que nadie nos puede separar de él ("*¿Quién nos separará del amor de Cristo?, ¿Tribulación, o angustia, o persecución, o hambre, o desnudez, o peligro, o espada?*", Romanos 8:35). Es tan fuerte ese amor que el Señor tiene por nosotros, que nos a dado la victoria (Romanos 8:36-37). El amor de Cristo es mayor que todas las ciencias y el conocimiento y puede más que éstos ("*y de conocer el amor de Cristo, que excede a todo conocimiento, para que seáis llenos de toda la plenitud de Dios*", Efesios 3:19). Es decir, que para ser llenos de la plenitud de Dios es necesario que conozcamos el amor de Cristo. El amor de Jesucristo fue tal, que lo llevó a entregar su propia vida por nosotros ("*Y andad en amor, como también Cristo nos amó, y se entregó a sí mismo por nosotros, ofrenda y sacrificio a Dios en olor fragante*", Efesios 5:2). El amor de Jesucristo no tiene límites, es eterno, hasta el fin ("*sabiendo Jesús que su hora había llegado para que pasase de este mundo al Padre, como había amado a los suyos que estaban en el mundo, los amó hasta el fin*", Juan 13:1). Además de salvarnos, Jesucristo compartió con nosotros la herencia que Dios le dio ("*bendiciendo, sabiendo que fuisteis llamados para que heredaseis bendición*", 1 Pedro 3:9) y nos hizo copartícipes de los privilegios de ser hijos de Dios ("*Al que nos amó, y nos lavó de nuestros pecados con su sangre, y nos hizo reyes y sacerdotes para Dios, su Padre...*", Apocalipsis 1:5-6). Sólo cuando este amor tan grande pueda fluir a través de nosotros, podremos ser efectivos en la obra para alcanzar al perdido.

9.3. El Amor del Espíritu Santo

"¿O pensáis que la Escritura dice en vano: El Espíritu que él ha hecho morar en nosotros nos anhela celosamente?" (Santiago 4:5)

El amor del Espíritu Santo hacia el creyente es tal que dice el verso de encabezamiento que *"nos anhela celosamente"*. El Espíritu Santo está presente en todo momento para ayudarnos en situaciones de debilidad y cuando no sabemos como resolver los problemas. Dice la Palabra en Romanos 8:26: *"Y de igual manera el Espíritu nos ayuda en nuestra debilidad; pues qué hemos de pedir como conviene, no lo sabemos, pero el Espíritu mismo intercede por nosotros con gemidos indecibles."* Estos gemidos se manifiestan, por lo general, acompañados de una agonía en el Espíritu. Esto refleja claramente el amor que el Espíritu Santo tiene por el creyente. Un ejemplo clásico es el caso de Jesús en el huerto de Getsemaní: *"Y estando en agonía, oraba más intensamente; y era su sudor como grandes gotas de sangre que caían hasta la tierra."* (Lucas 22:44). En este relato, el Espíritu Santo ayudaba a Jesús en la obra intercesora por lo que iba a ocurrir en la cruz del Calvario y para que la voluntad del Padre celestial fuese hecha. El amor del Espíritu Santo está expresado intrínsicamente en su función de consolador. Jesús se refirió a Él como el Consolador: *"Mas el Consolador, El Espíritu Santo, a quien el Padre enviará en mi nombre, él os enseñará todas las cosas,.."* (Juan 14:26). Para que el consuelo sea efectivo, el amor debe estar manifestado.

10

EL AMOR DEL SIERVO

"Y les he dado a conocer tu nombre, y lo daré a conocer aún, para que el amor con que me has amado, esté en ellos, y yo en ellos..." (Juan 17:26)

El mismo amor de Dios debe ser manifestado a través de sus siervos. Como dice el verso de encabezamiento: *"para que el amor con que me has amado, esté en ellos"* (Juan 17:26). Este verso es parte de una oración que Jesús hiciera a favor de sus discípulos antes de ser arrestado. Nótese que Jesús pide que el amor del Padre (con el que ha amado a Jesús) esté en sus discípulos. Sabemos que lo que Jesús le pedía a Dios Padre, Él se lo concedía. En la carta del Apóstol Pablo a los Romanos se expresa la respuesta de Dios Padre a la oración que hiciera Jesús (*"y la esperanza no avergüenza; porque el amor de Dios ha sido derramado en nuestros corazones por el Espíritu Santo que nos fue dado"*, Romanos 5:5). Sólo los que han recibido a Jesucristo como Salvador y Señor pueden recibir el Espíritu Santo el cual derramará el amor de Dios en sus corazones. Entonces podemos concluir que los verdaderos siervos de Dios tendrán su corazón lleno del amor de Dios y lo manifestarán, para gloria de Dios. El amor del siervo muchas veces se manifiesta de forma difícil de entender. El siervo, especialmente los apóstoles y pastores, muchas veces tienen la necesidad de corregirnos y para nosotros, por lo general, no es fácil recibir la amonestación con mansedumbre. Ahora, dice la Palabra, que esta represión es hecha por amor ("*Porque por la mucha tribulación y angustia del corazón os escribí con muchas lágrimas, no para que fueseis contristados, sino para que supieseis cuán grande es le amor que os tengo*", 2 Corintios 2:4).

El Apóstol Pedro nos describe como debe ser el amor del siervo de Dios ("*Y ante todo, tened entre vosotros ferviente amor; porque el amor cubrirá multitud de pecados*", 1 Pedro 4:8). Notemos que el verso comienza diciendo "*Y ante todo*" lo que implica que es algo que requiere prioridad. Y luego dice que el amor debe ser ferviente. La palabra ferviente implica intenso y constante. Este verso esta dirigido al creyente que de una forma u otra le sirve a Dios. Debemos preguntarnos: ¿Estamos manifestando ese amor ferviente? Si lo hacemos, muchos más pecadores conocerán a Cristo pues dice el verso: "*el amor cubrirá multitud de pecados*" (1 Pedro 4:8).

11

EL AMOR Y EL EVANGELISMO

"Porque Dios me es testigo de cómo os amo a todos vosotros con el entrañable amor de Jesucristo..." (Filipenses 1:8)

La palabra evangelismo se deriva de la palabra evangelio que significa "buenas nuevas". Estas buenas nuevas, a las que nos referimos, son las noticias de la salvación que Dios nos ha dado por medio del sacrificio de Jesucristo. La parte más difícil ya fue ejecutada por Jesús (el ir a la cruz por nuestros pecados). Ahora, Jesús, antes de ascender al Padre celestial, nos dijo: *"Id por todo el mundo y predicad el evangelio a toda criatura"* (Marcos 16:15). Esta fue la última instrucción dada por el maestro a sus discípulos. Entonces, el evangelio o las buenas nuevas son dadas por causa de lo que hizo Jesús al morir por nosotros en la cruz. Esto que hizo Jesús, el dar su vida por nosotros, lo hizo por amor (*"...nadie tiene mayor amor que este, que uno ponga su vida por sus amigos"*, Juan 15:13). Entonces vemos que la base del evangelio es el amor de Dios manifestado en misericordia por los que no merecíamos esta salvación tan grande que Él nos brinda por medio de Jesucristo (*"Pero cuando se manifestó la bondad de Dios nuestro Salvador, y su amor para con los hombres, nos salvó, no por obras de justicia que nosotros hubiéramos hecho, sino por su misericordia,...*", Tito 3:4-5).

Si el evangelista no siente ese amor ferviente por las almas que no conocen al Señor y no esta motivado a predicar la Palabra a tiempo y fuera de tiempo ("*Te encarezco delante de Dios y del Señor Jesucristo, que juzgara a los vivos y a los muertos en su manifestación y en su reino, que prediques la palabra; que instes a tiempo y fuera de tiempo*", 2 Timoteo 4:1-2) y solo busca predicar en lugares acomodados y frente a grandes multitudes, éste debe examinar su corazón para evitar caer en vanagloria o en lucro personal. En este verso de 2 Timoteo, Pablo exhorta a Timoteo a que predique a tiempo y fuera de tiempo. Esto implica predicar en todo lugar donde el Señor nos enviare (a tiempo) y en todo lugar donde tengamos la oportunidad de hacerlo (fuera de tiempo). Debemos dar testimonio siempre y no sólo cuando sea de nuestro agrado o conveniencia. Más adelante, en este mismo texto, Pablo le llama a este estilo de vida (predicando en todo lugar que podamos) obra de evangelista (2 Timoteo 4:5). Vivamos esa vida de continuo testimonio que vivieron los apóstoles y siervos de Dios. Dejemos que el amor de Dios fluya a través de nosotros para salvación de los que no conocen a Dios.

12

CONCLUSIÓN

"Con amor eterno te he amado; por tanto, te prolongué mi misericordia" (Jeremías 31:3)

La obra del evangelista y el misionero no puede ser efectuada sin el amor por las almas. Sin dicho amor, la labor de rescatar las almas de la perdición no puede ser efectiva. El amor por las almas es lo que motiva a los obreros del Señor a dedicar esfuerzo y tiempo a la obra evangelizadora. La manifestación del amor por las almas solo puede ser producida por el amor de Dios que fluyendo por medio de sus siervos. Dicho amor tiene su base o raíces en el amor incondicional que Dios ha manifestado por la humanidad. Dios nos ha amado en toda su expresión. El Padre celestial nos ha amado como ama a su Hijo y nos ha hecho sus hijos adoptivos por medio de Jesucristo. El amor de Jesucristo es de tal magnitud que nadie nos puede separar de Él. Dicho amor es mayor que todas las ciencias y el conocimiento. El amor del Espíritu Santo esta expresado en su función de consolador. Los siervos de Dios deben manifestar su amor (el amor de Dios) en sus vidas y ministerio. No hay forma de que se pueda practicar el evangelismo efectivamente sin el amor por las almas que Dios implanta en nuestros corazones.

TERCERA PARTE:
LA ORACIÓN Y EL AYUNO

13

INTRODUCCIÓN

"Pero este género no sale sino con oración y ayuno" (Mateo 17:21)

La oración es la espina dorsal de la obra ministerial. Un ministro o un creyente sin oración es como un piloto de avión que ha perdido comunicación con la torre de controles o aún peor como un barco sin timón moviéndose a la deriva. Todos los siervos de Dios, cuyos nombres están registrados en las escrituras, se dedicaban a la oración. Jesús es el mejor ejemplo, pues se levantaba muy de madrugada para estar en comunión con su Padre celestial (*"En aquellos días él fue al monte a orar, y pasó la noche orando a Dios."*, Lucas 6:12). La oración y el ayuno son el común denominador de los hombres que sirvieron a Dios con entrega y determinación. El Apóstol Pablo era un hombre de muchos ayunos (*"antes bien, nos recomendamos en todo como ministros de Dios, en mucha paciencia, en tribulaciones,....., en ayunos..."*, 2 Corintios 6:4-5). Vemos a los hombres de Dios de las escrituras como héroes. Y en cierta forma si lo son, pero lo que ellos hicieron, lo lograron porque se sometieron a Dios. Si nos sometemos a Dios lograremos grandes proezas, para gloria de su nombre. Es por medio de la oración y el Ayuno que podemos lograr estar sometidos a Dios.

14

¿QUÉ ES LA ORACION?

"Por esto orará a ti todo santo en el tiempo en que puedas ser hallado;.." (Salmo 32:6)

La oración es simplemente la comunicación del hombre con su creador. Ahora, nos preguntamos: ¿Por qué debemos orar o comunicarnos con Dios? Si consideramos los versos del 3 al 6 del Salmo 32: *"Mientras callé, se envejecieron mis huesos. En mi gemir todo el día. Porque de día y de noche se agravó sobre mí tu mano; se volvió mi verdor en sequedades de verano. Mi pecado te declaré, y no encubrí mi iniquidad. Dije: Confesaré mis transgresiones a Jehová; Y tú perdonaste la maldad de mi pecado. Por esto orará a ti todo santo en el tiempo en que puedas ser hallado;"*, Estos versos nos demuestran el propósito principal de la oración. Por medio de la oración de arrepentimiento abrimos la puerta para que Dios escuche nuestras otras oraciones (intercesión, peticiones, acción de gracias, alabanza y otras). Los versos que citamos comienzan con: *"Mientras callé, se envejecieron mis huesos"* y más adelante dice *"se volvió mi verdor en sequedades de verano."* Esto nos enseña que sin la oración estamos apartados de Dios y de sus bendiciones, por lo cual puede haber consecuencias en nuestro físico. Los versos citados también nos dan la Solución:

"Mi pecado te declaré, y no encubrí mi iniquidad. Dije: Confesaré mis transgresiones a Jehová..."

La solución o pasos para re-establecer la comunión con Dios es la oración de arrepentimiento. Da mucha pena el conocer que hay muchos creyentes religiosos que piensan que son más santos que los apóstoles de Jesús y que los profetas del Antiguo Testamento. Por su forma de pensar no pueden ver las faltas o defectos que los separan del Señor. Como no pueden ver sus propios defectos se entretienen señalando los de los demás. Pero sabemos que Jesús dijo: "*¿Y por qué miras la paja que está en el ojo de tu hermano, y no echas de ver la viga que está en tu propio ojo?*" (Mateo 7:3). Esta actitud, lamentablemente, mantiene cerrado el acceso de nuestras oraciones al oído de Dios. Es necesario pues que reconozcamos que tenemos muchas faltas y defectos y que inclusive algunos no son de nuestro conocimiento. Reconociendo esto, haremos con frecuencia oración de arrepentimiento y el Señor escuchará nuestras otras oraciones. Sabemos que el Señor es misericordioso y nos perdonará ("*y tú perdonaste la maldad de mi pecado*"). En una ocasión Jesús enseñaba a sus discípulos a orar y Él incluyó en su oración modelo (también conocida como el "Padre Nuestro") la oración de conciliación o arrepentimiento ("*Y perdónanos nuestras deudas, como también nosotros perdonamos a nuestros deudores*", Mateo 6:12).

Por medio de la oración se logra la intimidad de nuestra alma con Dios por medio del Espíritu Santo. Si cuando oramos no alcanzamos a experimentar la comunión y la presencia de Dios en nuestro ser interior, muy bien pudiera ser que no hemos dedicado el tiempo necesario o que necesitamos que el Espíritu Santo nos muestre alguna falta oculta que impide que el Señor escuche nuestras oraciones.

15

COMO SE DEBE ORAR

"orando en todo tiempo con toda oración y suplica en el Espíritu y velando en ello con toda perseverancia y suplica por todos los santos"
(Efesios 6:18)

El verso de encabezamiento nos dice que la oración debe ser hecha: 1) en todo tiempo (no solo cuando estamos en necesidad) o sea en las malas y en las buenas y 2) en el Espíritu, lo que implica la comunión en el Espíritu Santo. Nos exhorta el Señor a que oremos en todo tiempo. La razón de esto es clara, pues sabemos que el conflicto que tenemos no es contra sangre y carne (Efesios 6:12) sino de naturaleza espiritual. Mientras no oramos el enemigo trabaja, las 24 horas del día los 365 días del año, tratando de robarnos las bendiciones que Dios nos da. Es por esto que la oración debe ser de prioridad en la vida de cada creyente. La oración debe ser hecha con fe (*"Respondiendo Jesús, les dijo: De cierto os digo,* **que si tuviereis fe, y no dudareis***, no sólo en el mar, será hecho. Y* **todo lo que pidiereis en oración***, creyendo,* **lo recibiréis**" Mateo 21:21-22). Si usted no tiene fe no pierda el tiempo orando, pues no recibirá nada.

Es importante distinguir entre el orar en el Espíritu y el orar con el espíritu. La primera (orar en el Espíritu) implica que estamos en la comunión del Espíritu Santo y que la oración es dicha por nosotros pero inspirada por el Espíritu Santo. El orar con el espíritu es lo mismo que orar en otra lengua, como lo expone la Palabra en 1 Corintios 14:14 (*"Pero si yo oro en lengua desconocida, mi espíritu ora"*). Se debe tener mucho cuidado con esto porque si oramos con el espíritu sin estar en la comunión del Espíritu; ¿De dónde proviene la inspiración? Si oramos en el Espíritu de seguro que vamos a orar con fe pues la fe es un don de Dios y al estar en el Espíritu estaremos en fe. Esto garantiza que nuestras oraciones serán escuchadas por Dios. Dice el verso de encabezamiento que se debe velar en la oración y en la forma de hacerla (en el Espíritu) con toda perseverancia. Debemos perseverar pues es una de las áreas en la que desistimos con mayor facilidad.

15.1. Con el Entendimiento

"¿Qué, pues? Oraré con el espíritu, pero oraré también con el entendimiento" (1 Corintios 14:15)

Dice la Palabra de Dios en Efesios 6:18 que toda oración debe hacerse en el Espíritu o en la comunión del Espíritu Santo. Si la oración de nuestro entendimiento es hecha en el Espíritu será también efectiva pues seguramente es inspirada por el Espíritu Santo. Ahora, muchas veces incluimos en nuestra oración con el entendimiento frases y expresiones que en realidad no son inspiradas por el Espíritu Santo. Estas expresiones podrían ser en contra de la voluntad de Dios. Es aquí que el conocimiento de las escrituras nos puede ayudar a orar conforme a la voluntad de nuestro Padre celestial. La oración con el entendimiento siempre debe ser concluida con la frase "*Padre, hágase tu voluntad y no la mía*", como hizo Jesús en el huerto de Getsemaní. La oración con el entendimiento es necesaria, pues permite que nuestra alma entre en comunión con Dios. Cuando oramos con el entendimiento, le pedimos perdón a Dios por nuestros pecados de comisión y omisión. La Palabra nos enseña que al que sabe hacer el bien y no lo hace, teniendo la oportunidad, le cuenta por pecado. La Palabra nos exhorta a que no nos cansemos de hacer el bien. Nuestra alma también puede expresar su gratitud a Dios por medio de cánticos de alabanza y adoración. Dice el Salmo 95:2: "*Lleguemos ante su presencia con alabanza; Aclamémosle con cánticos*". Muchos otros Salmos y versos, de otras partes de la Escritura, enfatizan la necesidad de la alabanza para entrar a la presencia de Dios. Es saludable usar segmentos de los salmos u otros versos de la Palabra cuando oramos con el entendimiento. Esto garantiza que lo que hablamos es conforme a la voluntad de Dios.

15.2. Con el Espíritu

"Porque si yo oro en lengua desconocida, mi espíritu ora" (1 Corintios 14:14)

Cuando oramos con el espíritu (si estamos en el Espíritu), nuestro espíritu ora inspirado por el Espíritu Santo (1 Corintios 14:14). Es importante conocer que es nuestro espíritu es el que ora y por esta razón la Palabra de Dios nos exhorta a que toda oración sea hecha en el Espíritu (*"orando en todo tiempo con toda oración y suplica en el Espíritu..."*, Efesios 6:18). Si nuestro espíritu es el que ora, como dice 1 Corintios 14:14, y oramos en lengua sin estar en la comunión del Espíritu Santo; ¿de dónde viene la inspiración? El orar en lenguas o con el espíritu es muy importante para la edificación de nuestro hombre interior (*"El que habla en lengua extraña, a si mismo se edifica..."*, 1 Corintios 14:4), pero debemos estar seguros que estamos en el Espíritu o en comunión con Dios. Nos preguntamos: ¿por qué se edifica el que habla lengua extraña? En 1 Corintios 14:2 esta la contestación: *"Porque el que habla en lengua no habla a los hombres, sino a Dios; pues nadie le entiende, aunque por el Espíritu habla misterios"*. Es decir, el que habla en lengua esta hablando con Dios y cuando hablamos con otra persona superior a nosotros somos edificados, pues adquirimos conocimiento y sabiduría. Así que cuando oramos con el espíritu o en lengua adquirimos conocimiento y sabiduría de Dios y otras virtudes. Judas, en su epístola universal, nos dice: *"Pero vosotros, amados, edificándoos sobre vuestra santísima fe, orando en el Espíritu Santo"*. Si estamos en comunión con el Señor toda la oración con el espíritu o en lengua será en el Espíritu. Es importante conocer que existe una diferencia entre la habilidad que el Señor le da a los creyentes de orar con el espíritu (las lenguas) y lo conocido como el don de diversos géneros de lenguas, que invariablemente será acompañado del don de interpretación de lenguas. Estos dos últimos acompañados son equivalentes a la profecía pues traen un mensaje de parte de Dios. Las lenguas o el orar con el espíritu es por lo contrario usado por el creyente para comunicarse con Dios (1 Corintios 14:2). Así que vemos que el orar con el espíritu o en lenguas no debe ser para el público, sino privado entre el creyente y Dios (1 Corintios 14:27-28). El don de interpretación de lenguas se manifiesta en conjunto con el don de diversos géneros de lenguas. Este don trae la interpretación del mensaje dado en lenguas al idioma o idiomas que entiende la audiencia.

15.3. Con Gemidos Indecibles

"Y de igual manera el Espíritu nos ayuda en nuestra debilidad; pues que hemos de pedir como conviene, no lo sabemos, pero el Espíritu mismo intercede por nosotros con gemidos indecibles"
(Romanos 8:26)

Este tipo de oración es considerada por muchos como la más efectiva, pues según dice el verso de encabezamiento "*El Espíritu mismo intercede por nosotros*". De modo que ya no es nuestro limitado entendimiento o nuestro espíritu inspirado por el Espíritu Santo, sino el mismo Espíritu Santo manifestándose a favor de nosotros por medio de gemidos y sonidos que solo Dios puede entender. Ahora, puesto que el que ora es el Espíritu Santo, podemos estar seguros que esta oración es completamente en la voluntad de Dios ("*Mas el que escudriña los corazones sabe cual es la intención del Espíritu, porque conforme a la voluntad de Dios intercede por los santos.*", Romanos 8:27). Aquí el Espíritu Santo entra en su función de consolador y ayudador. ¿Qué mejor ayuda podríamos tener? Pues el Espíritu Santo conoce los secretos del corazón de Dios ("*....Así tampoco nadie conoció las cosas de Dios, sino el Espíritu de Dios*", 1 Corintios 2:11). Entonces entendemos que este tipo de oración está en la perfecta voluntad de Dios y por lo tanto Dios dará respuesta a la oración. Muchas veces el Espíritu Santo se manifiesta, en este tipo de oración con gemidos, para interceder por otras personas o hermanos.

15.4. Como No Debemos Orar

"*Por cuanto los designios de la carne son enemistad contra Dios; porque no se sujetan a la ley de Dios, ni tampoco pueden; y los que viven según la carne no pueden agradar a Dios." (Romanos 8:7)*

No debemos orar en la carne, o sea en nuestra propia mente o pensamientos. En el pasaje bíblico del encabezamiento la Palabra nos dice que los designios (que es lo mismo que intenciones, propósitos, miras, deseos, ideas y muchos otros) de la carne (que es nuestra mente) nos ubican como enemigos de Dios si nos dejamos guiar por ellos. Es claro en dicho verso que no podremos agradar a Dios si seguimos nuestros propios razonamientos y no escuchamos la voz del Espíritu Santo que nos guía según la voluntad de Dios. Si oramos en la carne o en nuestra mente vamos a desagradar a Dios y seguro que pediremos cosas que no nos conviene. Es por dicha razón que antes de comenzar a orar a Dios se debe dedicar algún tiempo para alabar y adorar al Señor. De esta forma nos aseguramos de estar en el Espíritu y no en la carne antes entrar a la presencia de Dios en oración.

Si estamos enojados con un hermano o hermana no debemos perder el tiempo haciendo oración si no nos hemos reconciliado, o por lo menos perdonado de nuestra parte al hermano o hermana. Dios espera la plena reconciliación de todas formas y si no la buscamos Dios no escuchara nuestras oraciones. En Mateo 5:22-24 la Palabra nos dice: *"Pero yo os digo que cualquiera que se enoje contra su hermano, será culpable de juicio; y cualquiera que diga: Necio, a*

su hermano, será culpable ante el concilio; y cualquiera que le diga: Fatuo, quedará expuesto al infierno de fuego. <u>Por tanto, si traes tu ofrenda al altar, y allí te acuerdas de que tu hermano tiene algo contra ti, deja allí tu ofrenda delante del altar, y anda, reconcíliate primero con tu hermano, y entonces ven y presenta tu ofrenda.</u>"
El que este enojado o guardando rencor contra su hermano esta en mala posición ante Dios. Dios no le recibe ni se agrada de su ofrenda y oraciones. Mucha veces estamos por anos haciendo una petición a Dios, la cual sabemos que esta en su voluntad y no la recibimos. Tal vez hasta el mismo Dios este deseoso de que recibamos dicha contestación, pero tenemos a alguien preso por nuestro rencor y no queremos soltarlo. No queremos perdonar a un hermano que nos lastimo. Se nos olvida que el perdonar y el reconciliarnos no es una opción para el cristiano sino que es un mandato de Dios (*"<u>Y cuando estéis orando, perdonad,</u> si tenéis algo contra alguno, para que también vuestro Padre que está en los cielos os perdone a vosotros vuestras ofensas. <u>Porque si vosotros no perdonáis, tampoco vuestro Padre que está en los cielos os perdonará vuestras ofensas.</u>"*; Marcos 11:25-26). Si no has perdonando a tu hermano ni te preocupes por orar, pues Dios tampoco te perdona a ti. Y esto nada tiene que ver con que tu tengas la razón o no la tengas. Dios te dice perdona y Yo te perdono y escucho tu oración. En Colosenses 3:13 la Palabra dice: *"soportándoos unos a otros, y perdonándoos unos*

a otros si alguno tuviere queja contra otro. De la manera que Cristo os perdonó, así también hacedlo vosotros." Nosotros hemos ofendido a Dios muchas veces con nuestra forma de vivir y Dios nunca nos ha hecho mal. De todas formas El nos perdona y tiene paciencia esperando que caminemos hacia la santidad. Nosotros también debemos tener paciencia con nuestros hermanos.

No debemos confundir la oración con la reprensión. Cuando estamos enfrentando al enemigo no lo hacemos en forma de oración, sino que como hizo Jesús usamos la autoridad (*"Entonces Jesús le dijo: Vete Satanás, porque escrito está: Al Señor tu Dios adorarás y a él solo servirás"*, Mateo 4:10). Jesús usó la autoridad de la Palabra escrita. He escuchado de casos en que en un enfrentamiento contra las huestes de maldad, los creyentes se han arrodillado a orar. Si esto hacemos pienso que los demonios se burlarían de nosotros pensando que nos sometemos a ellos. Cuidado, una actitud como ésta refleja falta de comunión con Dios. La postura del creyente, lleno del Espíritu Santo, ante una situación como la antes descrita, debe ser una de control y autoridad en el nombre de Jesús. Recordemos que la oración es dirigida a Dios el Padre, en el nombre de Jesús el Hijo y en la comunión del Espíritu Santo. Esta es la oración saludable que nos edifica y trae las bendiciones de Dios a nuestra vida. Aun para reprender a los demonios debemos tener cuidado y no excedernos en nuestra reprensión. Judas en su carta a la iglesia nos habla sobre este tema. En Judas 8-11 nos dice la Palabra: *"No obstante, de la misma manera también estos soñadores mancillan la carne, <u>rechazan la autoridad y blasfeman de las potestades superiores</u>. Pero cuando <u>el arcángel Miguel</u> contendía con el diablo, disputando con él por el cuerpo de Moisés, <u>no se atrevió a proferir juicio de maldición contra él, sino que dijo: El Señor te reprenda.</u> Pero éstos blasfeman de cuantas cosas no conocen; y en las que por naturaleza conocen, se corrompen como animales irracionales. ¡Ay de ellos! porque han seguido el camino de Caín, y se lanzaron por lucro en el error de Balaam, y perecieron en la contradicción de Coré."* Quiero aclarar que la iglesia tiene una autoridad superior dada por Cristo, pero es en el Espíritu y no se puede usar de no ser impulsada por el Espíritu Santo. Dicha autoridad para maldecir, insultar, condenar a los demonios y a Satanás solo esta en las manos de Dios y en la Iglesia cuando esta es dirigida por el Espíritu Santo. Judas se refiere a los que en la carne (en su propia mente y voluntad) se atreven a pronunciar juicio y pone por ejemplo al arcángel Miguel que no se atrevió a condenar a Satanás sino que dijo el Señor te reprenda.

16

¿POR QUE ORAMOS?

"Mientras callé, se envejecieron mis huesos En mi gemir todo el día. Porque de día y de noche se agravó sobre mí tu mano; Se volvió mi verdor en sequedades de verano. Mi pecado te declaré, y no encubrí mi iniquidad. Dije: Confesaré mis transgresiones a Jehová; Y tú perdonaste la maldad de mi pecado. Por esto orará a ti todo santo en el tiempo en que puedas ser hallado; Ciertamente en la inundación de muchas aguas no llegarán éstas a él." Salmo 32:3-6

Sin la oración nos dirigimos hacia la muerte espiritual. Es por eso que la Biblia se refiere a los hombres que no tienen a Dios como muertos en delitos y pecados (*"Y él os dio vida a vosotros, cuando estabais muertos en vuestros delitos y pecados"* (Efesios 2:1)). Dios es la fuente de vida y si no estamos conectados a El nuestra vida no puede sostenerse *("....; pues él es quien da a todos vida y aliento y todas las cosas"* (Hechos 17:25)). Cristo mismo, durante su ministerio terrenal, dependió de la oración (Marcos 1:35, Lucas 6:12, Mateo 26:36 y otros). Existen muchos motivos por los que oramos. Los mas conocidos son: para adorar, por acción de gracias, por intersección, por dirección, por protección y por salud.

16.1. La Oración Como Motor de la Iglesia

"Y ahora, Señor, mira sus amenazas, y concede a tus siervos que con todo denuedo hablen tu palabra, mientras extiendes tu mano para que se hagan sanidades y señales y prodigios mediante el nombre de tu santo Hijo Jesús. Cuando hubieron orado, el lugar en que estaban congregados tembló; y todos fueron llenos del Espíritu Santo, y hablaban con denuedo la palabra de Dios." Hechos 4:29-31

Uno de los productos más importantes de la oración es la movilización de la iglesia y sus ministerios. Sin la oración la iglesia y sus ministerios no crecerán ni se moverán. La oración es el medio de gracias que nos permite recibir las virtudes de Cristo por medio del Espíritu Santo y ser equipados para el trabajo de la iglesia del Señor. El libro de los Hechos (1:13-14) nos narra el comienzo de la iglesia y menciona en la forma en que oraban:

"Y entrados, subieron al aposento alto, donde moraban Pedro y Jacobo, Juan, Andrés, Felipe, Tomás, Bartolomé, Mateo, Jacobo hijo de Alfeo, Simón el Zelote y Judas hermano de Jacobo. **Todos éstos perseveraban unánimes en oración y ruego**, *con las mujeres, y con María la madre de Jesús, y con sus hermanos."*

El comienzo de la iglesia fue provocado por las oraciones y ruegos en las cuales se invito a Dios a morar en el cuerpo de creyentes. El verso antes mencionado indica que las oraciones se hacían de forma unánime. O sea todos estaban de acuerdo en la petición. Esto es muy importante porque si yo oro por algo y mi compañero de oración ora por lo contrario Dios no contestara la oración. La oración fue una de las causas más importantes del éxito de la iglesia primitiva ("*Y perseveraban en la doctrina de los apóstoles, en la comunión unos con otros, en el partimiento del pan y **en las oraciones**.*" Hechos 2:42). En el presente, la verdadera obra de Dios, se mueve gracias a las oraciones.

17

¿QUÉ ES EL AYUNO?

"..pero vendrán días cuando el esposo les será quitado y entonces ayunarán" (Mateo 9:15)

Literalmente la palabra ayuno significa abstención de tomar alimento, pero para Dios tiene otro significado. En Isaías 58:6-7, la Palabra de Dios nos describe el ayuno que le agrada a Dios: *"¿No es mas bien el ayuno que yo escogí, desatar las ligaduras de impiedad, soltar las cargas de opresión, y dejar ir libres a los quebrantados, y que rompáis todo yugo? ¿No es que partas tu pan con el hambriento, y a los pobres errantes albergues en casa; que cuando veas al desnudo, lo cubras, y no te escondas de tu hermano?"* Aquí, básicamente, se describen dos cosas. En el verso 6 se describe la misericordia y en el verso 7 se describe la bondad. Vemos, pues, que el ayuno que Dios quiere que hagamos no es meramente dejar de consumir alimentos por un plazo de tiempo. Dios quiere que nos abstengamos, no solo de los alimentos, sino aun más de la impiedad. Mi opinión, personal, es que el ayuno es una herramienta usada por Dios para que podamos quebrantar nuestra voluntad y así hacer la voluntad de Dios y no la nuestra. El Señor solicita de nosotros que cambiemos la vieja manera de vivir conforme al mundo y esto no es fácil. Ahora, ¿qué será más fácil cambiar nuestras viejas costumbres o dejar de comer? Si el Señor nos llama a ayunar y logra que sometamos nuestra voluntad absteniéndonos de alimentos, estaremos condicionados para abandonar otros hábitos que no son del agrado del Señor. Comenzamos absteniéndonos de alimentos y luego nos abstenemos del chisme, la murmuración, la crítica y otras muchas cosas que son obras de la carne. Si por medio del ayuno podemos someter nuestra voluntad a la voluntad de Dios. Entonces podemos decir que ciertamente el ayuno es una herramienta para moldear nuestra voluntad. Un ejemplo que nos da base para decir que el ayuno es una herramienta de Dios es cuando Jesús es llevado ayunar por el Espíritu de Dios ("*Jesús, lleno del Espíritu Santo, volvió del Jordán, y fue llevado por el Espíritu al desierto por cuarenta días, y era tentado por el diablo. Y no comió nada en aquellos días, pasados los cuales, tuvo hambre.*", Lucas 4:1-2). Vemos que el relato dice que Jesús fue llevado, no que Él fue por sí sólo. De aquí aprendemos que el ayuno debe ser hecho bajo la dirección del Espíritu Santo. El Espíritu Santo nos indicará la fecha, horas, propósito, forma y todos los pormenores que debemos observar durante el ayuno.

Sabemos que el hombre se compone de tres partes: espíritu, alma y cuerpo. Cuando recibimos a Jesucristo en nuestro corazón, nuestro espíritu es regenerado (Tito 3:5). Nuestro cuerpo será transformado a gloria con la venida del Señor Jesucristo (1 Tesalonicenses 4:16-17 y 1 Corintios 15:22-23, 51-54). Pero mientras estamos aquí, en el mundo, nuestra alma debe ser modificada conforme a la voluntad de Dios, para que podamos disfrutar de sus bendiciones. El alma esta compuesta, principalmente de: intelecto, emociones y voluntad. Nuestra alma ha sido moldeada según las corrientes del mundo y debe ser modificada (Romanos 12:2). El siguiente, es un esquema de las herramientas que usa el Señor para modificar nuestra alma:

PARA RENOVAR NUESTRA ALMA

Intelecto <---------------> La Palabra de Dios revelada.

Emociones <---------------> Fe y fruto del Espíritu.

Voluntad <---------------> Ayuno (abstención no sólo de alimento, sino que de todo lo que no agrada a Dios).

Debemos pues domar nuestra voluntad porque como dice la escritura: "*El deseo de la carne es contra el Espíritu...*" (Gálatas 5:17).

18

CÓMO AYUNAR

"cuando ayunáis, no seáis austeros, como los hipócritas; porque ellos denudan sus rostros para mostrar a los hombres que ayunan" (Mateo 6:16)

El ayuno no debe ser un ejercicio religioso (Mateo 6:16). El ayuno debe ser para el Señor y no para tratar de manipular a Dios (*"¿habéis ayunado para mí?"*, Zacarías 7:5). El Espíritu Santo nos debe guiar a través del ayuno, dirigiéndonos en todo. Como mencionamos anteriormente, el ayuno no es solo abstención de alimentos sino abstención de proceder impíamente y solicitud por agradar a Dios. Hay diferentes motivos por los cuales el Señor nos lleva al ayuno. El más sobresaliente es para manifestar el poder de Dios. En Lucas capítulo 4, se encuentra el relato de la ocasión en que Jesús ayunó en el desierto. Dice el relato, luego del ayuno: *"Y Jesús volvió en el poder del Espíritu a Galilea..."* (Lucas 4:14). Es interesante notar que al principio del capítulo 4 se relata que Jesús estaba lleno del Espíritu Santo antes de comenzar el ayuno. Luego del ayuno, dice el verso 14, vino en Él poder del Espíritu. Hay diferentes tipos de ayunos que se encuentran descritos en la Palabra de Dios. Algunos de ellos son:

ALGUNOS TIPOS DE AYUNOS

Ayuno Parcial	Daniel 10:2
Ayuno Total	Lucas 4:1-2
Ayuno Congregacional	Jonás 3:5 & Joel 2:15-16

El ayuno debe ser entregado a Dios para que se obre su voluntad (Zacarías 7:5). Si ayunamos por nuestros caprichos, no lo hacemos para Dios, sino para lograr nuestros propósitos egoístas. Recuerda, Dios no puede ser manipulado.

Durante el ayuno debemos tratar de dedicar la mayor parte del tiempo a orar, adorar a Dios y leer la Palabra de Dios. Además de esto, debemos abstenernos de todo lo mundano. Es una buena practicar el pedir oración en su iglesia y que el pastor o pastora y los ancianos lo unjan con aceite y oren para que Dios dirija el ayuno y fortalezca al creyente que se dispone a ayunar.

19

CONCLUSIÓN

La oración es la espina dorsal del trabajo de la iglesia y el ministerio. La oración es simplemente la comunicación del hombre con su Creador. Por medio de la oración de Arrepentimiento abrimos la puerta para que Dios escuche otras oraciones. Cuando oramos nos dirigimos a Dios, el Padre, en el nombre de Jesús, el Hijo, y en la comunión del Espíritu Santo. La oración debe ser hecha 1) en todo tiempo (no sólo cuando estamos en necesidad) o sea en las malas y en las buenas y 2) en el Espíritu, lo que implica la comunión en el Espíritu Santo. El Señor nos exhorta a que oremos en todo tiempo pues el conflicto que tenemos es de naturaleza espiritual. Existen tres tipos de oración: 1) con el entendimiento, 2) en lenguas (o con el espíritu) y 3) con gemidos, pero todas deben ser hechas en el Espíritu.

El ayuno no es sólo abstención de tomar alimento, sino de todo lo que no le agrada a Dios. El ayuno es una herramienta usada por Dios para que podamos quebrantar nuestra voluntad y así hacer la voluntad de Dios y no la nuestra. Para ayunar debemos ser guiados por el Espíritu Santo. El Espíritu Santo nos indicará la fecha, horas, propósito, forma y todos los pormenores que debemos observar durante el ayuno. El propósito principal del ayuno es que el poder de

Dios sea manifestado libertando a los cautivos y sanado a los afligidos de corazón. Para esto es necesario que estemos en la voluntad de Dios y es por eso que decimos que el ayuno nos lleva a quebrantar nuestra voluntad para que se haga la voluntad de Dios y su poder sea derramado. Algunos de los principales tipos de ayuno son el ayuno total, el ayuno parcial y el ayuno congregacional. El ayuno debe ser entregado a Dios para que su voluntad sea hecha.

REFERENCIAS

Nuevo Diccionario Bíblico Ilustrado, por Samuel Vila y Santiago Escuain, CLIE

Nuevo Testamento Interlineal Griego-Español, por Francisco Lacueva, CLIE, 1984.

Santa Biblia, Versión Reina-Valera, Revisión 1960, Sociedades Bíblicas en América Latina, HOLMAN BIBLE PUBLISHERS

www.ingramcontent.com/pod-product-compliance
Lightning Source LLC
Chambersburg PA
CBHW071414040426
42444CB00009B/2244